I0505445

Elizabete Cristina Rabelo de Araújo

DIREITO HUMANO AO MEIO AMBIENTE:

Um direito de terceira dimensão compreendido à luz dos princípios.

Caruaru

2020

Copyright © 2020 by Elizabete Cristina Rabelo de Araújo

Diagramação: Jacilene Maria Silva
Capa: Valter Gabriel Rabelo da Silva
(valtergabriel100@gmail.com)

A663d Araújo, Elizabete Cristina Rabelo de

   Direito Humano ao Meio Ambiente: um direito de terceira dimensão compreendido à luz dos princípios / Elizabete Cristina Rabelo de Araújo. – Caruaru: Independently published. 45 p.

   ISBN: 9798633475272

   1. Ciências sociais.

                                          CDD 300

Sumário

Agradecimentos

Minha eterna gratidão a Deus pela vida e tudo o que nela há. Gratidão infinita aos meus pais, Daniel Monteiro e Madalena Rabelo pelo amor, herança ética e cidadã; aos meus tios e padrinhos Demóstenes Veras (in memoriam) e Marleine Rabelo Veras, pelo incondicional carinho e dedicação à minha formação, sempre acreditando em minha capacidade de evolução; à minha tia Socorro Rabelo pela proteção e vigilância constantes no trilhar dos meus caminhos, evitando dolorosos tropeços; ao meu filho por me fazer entender a minha principal razão de existir, ao pai do meu filho, Valter Silva, por ser o companheiro, apoiador e incentivador nos campos de luta pela vida.
Aos mestres que iluminaram os caminhos do meu conhecimento.

INTRODUÇÃO

O presente estudo acerca do direito humano ao meio ambiente, inicia-se com a apresentação deste direito como sendo um direito humano de terceira dimensão e iluminado por princípios. O interesse pelo tema surgiu a partir da preocupação com o destino que a humanidade tem dado às condições de vida no planeta Terra e como a falta de empatia em relação ao outro tem poder de autodestruição humana, o que conduziu esta autora à participação nos constantes combates à desconstrução do planeta, este bem que é da coletividade, que pertence às gerações futuras também; que representa um direito difuso e macro da humanidade que é o meio ambiente equilibrado.

No primeiro capítulo, o texto aproxima o leitor do conceito de direitos humanos e apresenta os movimentos sociais de proteção ambiental como um dos elementos sociais que atuam em defesa dos direitos humanos. Evolui, o texto a seguir, apresentando o meio ambiente como um direito humano de terceira dimensão, pontuando considerações acerca da Política Nacional do Meio Ambiente (Lei 6.938, de 1981); tratando sobre o que são os danos ambientais e informando ser, o Direito Ambiental, um instrumento regulador.

No segundo capítulo, são conceituados os princípios e designados como "luzes que norteiam o direito humano ao meio ambiente. É neste espaço que serão conceituados os princípios: da informação, do acesso à justiça, do direito à sadia qualidade de vida, do acesso equitativo aos recursos ambientais, da prevenção e precaução, da reparação e da solidariedade.

O aprofundamento dos estudos se deu a partir da leitura de artigos e obras de autores diversos. Almeja-se que o conhecimento adquirido por meio desta imersão sirva para a conscientização de que o meio ambiente é um dos direitos humanos definidos na Carta Magna, classificado como de terceira dimensão e que, da sua preservação, da relação harmoniosa entre os humanos, a natureza e a sociedade, depende a equilibrada existência da vida no nosso planeta.

Capítulo 1 – O DIREITO HUMANO AO MEIO AMBIENTE E OS MOVIMENTOS DE PROTEÇÃO AMBIENTAL

Entender o que são os direitos humanos e sua abrangência tem sido um desafio para a humanidade, pois são direitos que estão em constante evolução, adaptando-se às novas ordens e novas demandas sociais. A dificuldade tem sido entender o sentido dos direitos humanos. Isto se dá em face da interpretação limitada por parte da maioria das pessoas que não vislumbram o fato de que os direitos humanos não se atêm às questões voltadas, unicamente, à defesa dos indivíduos que cometeram atos ilícitos. Faz-se primordial compreender que sua abrangência é muito mais ampla! Discussões sobre o direito humano ao equilíbrio ambiental, provocam os indivíduos a ingressarem em um processo de cidadania real fugindo dos padrões tradicionais de exercício da cidadania na sociedade civil organizada.

Os direitos humanos se interrelacionam com diversas vertentes sociais e atuam como "remédios" para os danos originados da inércia e ineficácia do poder público. O direito ao meio ambiente está devidamente regulamentado na Constituição Federal de 1988, em seu Título VIII – Da Ordem Social – Capítulo VI – Do Meio Ambiente, no Artigo 225, que diz:

> Todos têm direito ao meio ambiente ecologicamente equilibrado, bem de uso comum do povo e essencial à sadia qualidade de vida, impondo-se ao poder público e à coletividade o dever de defendê-lo e preservá-lo para as presentes e futuras gerações.

Quando as determinações constitucionais não são atendidas e o meio ambiente sofre os danos, suas consequências são sentidas diretamente em tudo o que é necessário à existência humana. Tendo a vida sido atingida pelas consequências destes danos, configura-se que há violações dos direitos humanos, que são fundamentais e que devem ser respeitados.

Compondo os elementos sociais de atuação de defesa dos direitos humanos, estão os movimentos de proteção ambiental que agem em prol da coletividade com o objetivo de alinhar o que está em desequilíbrio, de diminuir a desigualdade e promover justiça social. É neste sentido que atuam tais movimentos, operando frente a preservação de tudo o que compõe o meio ambiente, que é um direito humano de terceira dimensão, objetivando a aplicabilidade das determinações constitucionais, fiscalizando e denunciando as violações e lutando pela prevenção de danos e preservação do bem maior, que é o direito à vida em um meio ambiente equilibrado.

Os movimentos ecológicos se ampliaram na década de 80 do século XX e, juntamente às pautas dos debates acerca dos direitos humanos fizeram crescer, globalmente, a defesa do direito humano ao meio ambiente. Tais movimentos evocam questões cuja temática é a sustentabilidade e o respeito às diversas formas de vida, compreendendo a natureza como sujeito de direito. Os movimentos ecológicos e ambientalistas se sustentam no paradigma da solidariedade e contam com a empatia como eixo estrutural do senso de respeito à coletividade.

Conceito de Direitos Humanos

Os direitos humanos se constituem de aspiração por justiça social e liberdade. Estão em constante construção e em busca do equilíbrio entre as diversas formas de existência. Hunt (2009) descreve que os direitos humanos devem ser compreendidos como elementos de transformação do interior do indivíduo através da conscientização, de maneira que este indivíduo passe a contribuir para a mudança de pensamentos, de postura cultural, social e política. Comparato (2001) descreve os direitos humanos como sendo os direitos de ordem fundamental ao homem, que contemplam os aspectos comunitários e não apenas os individuais. Para ele os direitos humanos são produto de cada tempo.

Como construção inacabada, os direitos humanos acatam novas vertentes, até então não incluídas no rol das demandas consideradas tradicionais de luta. E a luta pelo direito ao meio ambiente é, até então, uma demanda que vem emergindo a partir da década de 80, do século XX.

> [...] os princípios dos direitos humanos persistem ao longo da história, como aspiração de liberdade e de igualdade e como fundamento da justiça social. Enquanto construção inacabada, os direitos humanos são examinados à luz da sua historicidade (DIAS, FERREIRA e ZENAIDE, 2010, p 21).

Nesse sentido, o debate do direito humano ao meio ambiente tem suscitado novas perspectivas de lutas para além das lutas tradicionais que sempre envolveram os direitos humanos de caráter universal, tendo o ser humano no centro do debate.

Os direitos humanos compõem um poder de atuação interrelacionado em suas diversas vertentes. Efetivam-se em âmbitos diversos da construção social, atuando como reparador dos danos provocados pela ausência da atuação eficaz do Estado. Acerca desta maneira de entender os direitos humanos, a Organização das Nações Unidas (2017), afirma que: "Os direitos humanos são indivisíveis, interrelacionados e interdependentes, já que é insuficiente respeitar alguns direitos humanos e outros não. Na prática, a violação de um direito vai afetar o respeito por muitos outros."

Para uma compreensão mais aprofundada acerca do que são os direitos humanos, Santos (2013) trata de 09 (nove) tensões que envolvem os direitos humanos. São elas: a tensão entre o universal e o fundacional; entre os direitos individuais e os coletivos; entre o Estado e o anti Estado; entre o secularismo e o pós secularismo; entre direitos humanos e deveres humanos; entre reconhecimento de igualdade e de diferença; entre direito ao desenvolvimento e outros direitos humanos individuais e coletivos, direito à autodeterminação e a um ambiente saudável, além do direito à terra e à saúde. Em cada uma destas tensões, o autor identifica a problemática social, econômica e cultural.

Enquanto fundamento da justiça social, considerando-se que se trata de um conjunto de princípios que está em constante construção, é essencial entender os direitos humanos como uma rede de atuação que se ramifica por todos os espaços que constituem uma sociedade.

Meio ambiente: um direito humano de terceira dimensão

Conforme o Direito Romano, de acordo com Silva (2004), o meio ambiente era conceituado como *res nullius* ("coisa sem dono") e *res communes* ("coisa comum"). Também chamado de direito da solidariedade e da coletividade é um direito humano de terceira geração. Nesse sentido, Bertoldi (2015?) diz que doutrinas entendem como direitos de solidariedade, ou de terceira geração, os direitos ao desenvolvimento, ao patrimônio comum da humanidade, à paz e ao meio ambiente. A lei 6.938/81, em seu art. 3º, I, conceitua o termo meio ambiente como "o conjunto de condições, leis, influências e interações de ordem física, química e biológica, que permite, abriga e rege a vida em todas as suas formas".

O meio ambiente é um bem jurídico difuso, que pertence à coletividade e que, de acordo com Rocha e Queiroz (2011) "sua proteção a todos aproveita e sua degradação a todos prejudica.". Encontra-se conceituado no artigo 3º, inciso I, da Lei nº 6.938, de 31 de agosto de 1981, que dispõe sobre a política nacional do meio ambiente, estando lá descrito que o meio ambiente é "o conjunto de condições, leis, influências e interações de ordem física, química e biológica, que permite, abriga e rege a vida em todas as suas formas". Esta mesma lei considera ainda que o meio ambiente é "um patrimônio público a ser necessariamente assegurado e protegido, tendo em vista o uso coletivo" (artigo 2º, I).

> O meio ambiente deve ser compreendido como parte fundamental para o alcance da efetivação dos direitos humanos, visto que o direito à vida e ao ambiente ecologicamente equilibrado são peças-chave para se conseguir uma qualidade de vida comum a todos e para o alcance da dignidade da pessoa humana. (PAIVA, 2017)

Acerca da Política Nacional do Meio Ambiente, (Lei n° 6.938, de 1981), sabe-se que este dispositivo de gestão teve origem nos princípios e conceitos que direcionam para a manutenção do equilíbrio ambiental. (SILVA, 2004). Este documento estabelece as formas de agir objetivando a proteção da natureza e dos elementos que a compõem. Observa a racionalização do uso do solo, água e ar, bem como o planejamento e fiscalização da utilização dos recursos ambientais; o controle e zoneamento de atividades. Objetiva a preservação, a melhoria e a recuperação da qualidade ambiental; a proteção da dignidade da vida humana, os interesses da segurança nacional e o desenvolvimento socioeconômico. Compreende o meio ambiente como um patrimônio público a ser assegurado e protegido por ser um bem de uso coletivo. Compatibiliza o desenvolvimento econômico-social com a qualidade e equilíbrio do meio ambiente. Serve de subsídio para ações governamentais, programas e projetos e propõe a preservação e restauração dos recursos ambientais.

Historicamente, os assuntos relacionados à proteção da natureza não eram tratados com a devida importância. Na Declaração de 1948, por exemplo, que trata dos direitos humanos, não há menção ao direito ao meio ambiente. A natureza não era considerada um bem a ser preservado. Para alcançar a efetivação do direito humano ao meio ambiente, faz-se indispensável que a humanidade compreenda que é fundamental o equilíbrio entre os elementos que compõem o meio em que vive, sejam elementos sociais, culturais, econômicos, bem como os elementos que compõem o corpo da natureza. Todo ente que pertence ao meio, possui uma função necessária à digna existência humana. E o meio ambiente natural, a natureza em si, não está ali à toa!

Nos dias atuais a luta pelo equilíbrio ambiental ganhou destaque após os seres humanos começarem a perceber que os danos causados ao meio natural refletem, diretamente, nas suas existências, ressaltando o senso de empatia e alertando para a solidariedade. O meio ambiente equilibrado é fundamental para a existência humana. É vital para a humanidade que a relação com a natureza seja harmoniosa, pois se trata de uma relação com um bem comum a todos. Nesta harmonia é que reside o direito humano de terceira dimensão.

Sendo o meio ambiente um bem de uso comum do povo e essencial à vida, torna-se um direito fundamental para a humanidade. Segundo Rocha e Queiroz (2011), "isto faz com que o meio ambiente e os bens ambientais integrem-se à categoria jurídica da *res comune omnium,* sendo considerados, pois, como interesses comuns." A identificação deste direito com a perspectiva de coletividade classificou o meio ambiente como um direito humano de terceira dimensão, ou seja, um direito difuso e de interesse comum a todas as classes.

> O meio ambiente é um bem jurídico que merece grande destaque. Nenhum outro interesse tem difusidade maior do que ele, que pertence a todos e a ninguém em particular; [...] (ROCHA e QUEIROZ, 2011).

Por esta característica de pertencimento coletivo, os direitos de terceira dimensão estão envoltos na ideia de solidariedade, princípio este inerente à humanidade e alimentado pelo respeito à dignidade humana.

O meio ambiente, danos ambientais e o Direito Ambiental como instrumento regulador

Segundo Édis Milaré (2011, p. 1119) o "(...) dano ambiental é a lesão aos recursos ambientais, com consequente degradação – alteração adversa ou *in pejus* – do equilíbrio ecológico e da qualidade de vida". Cavalieri (2010, p. 73) apresenta o dano como: "A subtração ou diminuição de um bem jurídico, qualquer que seja a sua natureza, quer se trate de um bem patrimonial, quer se trate de um bem integrante da própria personalidade da vítima (…)". De acordo com Fiorillo (2013, p. 60) "meio ambiente relaciona-se a tudo aquilo que nos circunda." Tais conceitos nos conduzem ao entendimento de que o meio ambiente não se resume aos espaços naturais, compostos por fauna e flora, mas, também, por espaços urbanos, rurais, níveis sociais, condições e contextos existenciais.

Dando seguimento ao significado de "dano ambiental", Leite (2011, p. 94) explica que este dano "constitui uma expressão ambivalente, que designa, certas vezes, alterações nocivas ao meio ambiente outras, ainda, os efeitos que tal alteração provoca na saúde das pessoas e em seus interesses." Neste sentido, entende-se que, ao ocorrerem alterações ao conjunto de elementos do meio ambiente, efeitos se originarão, gerando transformações nas condições existenciais dos seres humanos, como um ciclo constante de reflexos destas transformações. Deste modo, o dano ambiental prejudica a coletividade, atingindo diretamente o ambiente físico, patrimonial, mas também provocando influências negativas na saúde de todos, seja de modo coletivo ou individual, conforme pensamento de Milaré (2013)

Por se relacionar diretamente com o bem comum, os direitos humanos propõem a reflexão acerca da importância de manter saudáveis as relações entre os elementos que compõem os espaços existenciais ocupados pela humanidade e demais espécies de vida. Para tanto, traz à tona, sempre de modo destacado, a preocupação com os reflexos de tudo o que é praticado, de modo a preservar o que é construído em prol da coletividade. Os danos ao meio ambiente, tratam-se de uma cadeia de reflexos negativos que não possibilita a mensuração real dos estragos feitos, fator que dificulta que a restauração à forma original ocorra.

É necessário destacar a responsabilidade do Estado em relação ao controle desses danos, sendo imprescindível que interceda, gerindo as atividades humanas em relação ao meio ambiente, tendo, dentre os instrumentos legais, as regras que normatizam o

Direito Ambiental, ciência esta que é a proteção jurídica do meio ambiente. Este ramo do Direito é estruturado no conjunto de leis, de ordem física, química e biológica que rege a vida em suas diversas manifestações: animal, vegetal, mineral. Neste âmbito jurídico residem as regras jurídicas organicamente estruturadas, tendo como objetivo a sanidade do meio ambiente. Segundo Moraes, 2004 é o ramo do Direito Público que regulamenta as ações dos particulares e do Estado. É o agrupamento de técnicas e instrumentos jurídicos sistematizados e informados por princípios. Complexo de normas que se originam dos princípios reguladores das atividades humanas e que, de maneira direta ou indireta, afetam a sanidade do ambiente e dos seres humanos que nele vivem.

Capítulo 2 - OS PRINCÍPIOS: luzes que norteiam o direito humano ao meio ambiente equilibrado

"Princípio", do Latim *"principium"*, que significa: "aquilo que se toma por primeiro". Representa a ideia de começo, início, alicerce, fonte, ponto de partida. Os princípios têm relevância ímpar tendo em vista que ceifam os antagonismos; são linhas que direcionam, condicionam, fundamentam e estruturam o sistema de normas e servem de base para a coerência das leis e das decisões do poder público.

> Princípios são os alicerces da norma, são o seu fundamento em essência, são o refúgio em que a norma encontra sustentação para racionalizar a sua legitimação, são a base de onde se extrai o norte a ser seguido por um ordenamento, seja em sentido lato – como é possível observar-se de princípios constitucionais, no caso do princípio da legalidade, por exemplo – em que todos devem obediência à lei (não só os indivíduos, mas também o Estado), seja em ramos específicos do direito. (SANTOS, 2015, p.01)

Os direitos humanos de terceira dimensão estão estruturados na ideia de solidariedade e fraternidade, ideias estas que carregam consigo o caráter de ligação entre as causas existenciais. De acordo com Dias (2010) "[...] os princípios dos direitos humanos persistem ao longo da história, como aspiração de liberdade e de igualdade e como fundamento da justiça social." Além de possuírem a característica de origem, base de sustentação de regramentos, também são ideias genéricas das quais, segundo Dias (2015) "podem ser extraídas concepções e intenções para a criação de outras normas, ou onde se encontra sustentação em caso de lacunas na sua aplicação."

Os princípios possuem papel fundamental no ordenamento jurídico, além de apresentarem várias possibilidades de aplicação, conforme afirmado por Antônio e Vitória (2019). Preenchem lacunas que existem nas interpretações jurídicas e na atuação ineficaz da administração do poder público.

A relação dos princípios com o direito humano ao meio ambiente se dá, também, na seara do Direito Ambiental, quando este se coloca como regramento de proteção deste bem pertencente à coletividade presente e às futuras gerações.

Princípio da Informação

Dentre os diversos princípios existentes, Antônio e Vitória (2019) citam: o princípio da informação, por exemplo, que tem como objetivo assegurar e disponibilizar, através do Poder Público, o acesso à informação de matéria ambiental para a população. Propõe que cada indivíduo tenha o adequado acesso às informações relativas ao meio ambiente e que tais danos sejam disponibilizados pelo Poder Público. É classificado como o Princípio 10 da Declaração da Rio 92 e é um princípio cuja atuação social é indispensável.

Neste contexto, o princípio da informação não se limita ao papel informativo, mas se estende à função de ser um elemento de conscientização do povo, destinatário direto deste direito humano e difuso. Um dos dispositivos legais que apoiam este princípio está descrito no Artigo 225, da Constituição Federal §1° inciso VI que diz: "promover a educação ambiental em todos os níveis de ensino e a conscientização pública para a preservação do meio ambiente". A informação dá origem a novos conceitos, alinha os rumos, ajusta eixos, reforça ideias, facilita soluções e é um bem comum.

Com a atuação dos movimentos sociais de proteção do direito humano ao meio ambiente, torna-se mais eficaz a preservação deste bem comum, possibilitando, através do princípio da informação, maior eficiência na prevenção, por exemplo, para que o bem ambiental e o direito humano ao seu usufruto, não venham a sofrer danos. O referido princípio está previsto no Art. 6° - Política Nacional De Resíduos Sólidos, Lei 12.305/10, inciso X - "o direito da sociedade à informação e ao controle social".

Princípio do Acesso à Justiça

Em apoio à atuação dos referidos movimentos de proteção ao direito humano ao meio ambiente, surge o princípio do acesso à justiça, que incide em questões ambientais afirmando que qualquer pessoa pode participar de decisões políticas que envolvam questões ambientais, anulando atos lesivos por meio de ação popular, por exemplo. Ainda, compondo a importância da devida informação para que o direito humano ao meio ambiente seja garantido, o poder público tem, dentre suas obrigações, a de educar a população em relação aos cuidados com o meio ambiente.

A legislação ambiental brasileira tem caráter multidisciplinar e reflete parte dos direitos humanos fundamentais, sendo constituída por um conjunto de regras e técnicas que se aliam, conforme Brito (2014), com o objetivo de instituir instrumentos jurídicos sistematizados, cuja origem são princípios específicos. Tais princípios regem os comportamentos que envolvem as relações entre o meio ambiente e os diversos segmentos sociais, integrando a sadia qualidade de vida ao desenvolvimento econômico.

Princípio do Direito à Sadia Qualidade de Vida

A Constituição Federal, em seu artigo 5°, assegura o direito à vida. No entanto, ainda melhor é assegurar o direito à sadia qualidade de vida. Não basta viver! Faz-se necessário o acesso aos elementos que proporcionem o que há de melhor em nosso meio ambiente e que atenda ao interesse social. Compreendendo como "melhor" tudo aquilo que promove o bem-estar e que se considera vital à existência humana. Tal princípio não se atém aos elementos do passado ou do presente, mas inclui, também, objeto de usufruto futuro, que possa ser vivenciado por futuras gerações. É infringido quando ocorre a poluição do ar, das águas e quando os bens naturais sofrem destruição.

O princípio da sadia qualidade de vida é um elemento que constitui o direito humano à própria vida. Encontra-se descrito na Constituição Federal de 198, em seu artigo 225, *caput*: "Todos têm direito ao meio ambiente ecologicamente equilibrado, bem de uso comum do povo e essencial à sadia qualidade de vida[...]". Surge, novamente na Carta Mãe quando esta trata da construção da ordem social brasileira e determina ao poder público que assegure o direito a um meio ambiente ecologicamente equilibrado.

> §1º Para assegurar a efetividade desse direito, incumbe ao Poder Público:
> I – Preservar e restaurar os processos ecológicos essenciais e prover o manejo ecológico das espécies e ecossistemas;
> [...] VII – proteger a fauna e a flora, vedadas, na forma da lei, as práticas que coloquem em risco sua função ecológica, provoquem a extinção de espécies ou submetam os animais à crueldade. (CONSTITUIÇÃO FEDERAL, 1988).

Ainda sobre o princípio do direito à sadia qualidade de vida, a Declaração de Estocolmo, elaborada na Suécia em 1972, em seu Princípio I, enfatiza que o homem tem direito às adequadas condições de vida e em um meio ambiente de qualidade. A esse respeito, a Conferência das Nações Unidas, na Declaração do Rio de Janeiro, em 1992, em seu Princípio I, assegura a todos os humanos, o direito a uma vida saudável.

Princípio do Acesso Equitativo aos Recursos Ambientais

A humanidade, composta por diversidade, para garantir o acesso equitativo aos recursos ambientais, conta com este princípio, que é iluminado pela Declaração de Estocolmo (1972) quando esta descreve que "Os recursos não renováveis do globo devem ser explorados de tal modo que não haja risco de serem exauridos e que as vantagens extraídas de sua utilização sejam partilhadas a toda a humanidade[...]".

Com a possibilidade concreta de esgotamento dos recursos ambientais, percebendo-se este direito humano ameaçado, processos de mudança de comportamento em relação ao meio ambiente foram surgindo. A ideia da perda tomou proporções que levaram à consciência de que o meio ambiente pertence a todos e, por ser um bem comum, não pode ser objeto de ações egoístas. Ilumina este contexto, então, o princípio do acesso equitativo aos recursos ambientais que propõe a igualdade de acesso a todos os benefícios naturais, sem qualquer diferenciação que seja.

Cita o artigo 225, da Constituição Federal de 1988, em seu inciso VII: "Proteger a fauna e a flora, vedadas, na forma da lei, das práticas que coloquem em risco sua função ecológica, provoquem a extinção de espécies...". Nestes termos, a Carta Magna demonstra a responsabilidade do poder público frente à manutenção da saúde ambiental e à garantia do acesso equitativo aos bens naturais, inclusive, por gerações futuras.

É válido ressaltar que às gerações futuras caberão, também, as obrigações de proteger este bem comum, direito da humanidade. Este pensamento nos reporta a determinado provérbio africano que diz: "o mundo em que vivemos não é apenas herança de nossos pais, mas é também um bem que está sendo emprestado por nossos filhos." (EXAME, 2005).

Princípios da Prevenção e Precaução

Outro princípio que compõe o corpo iluminador das garantias do direito humano ao meio ambiente, é o princípio da prevenção. É do conhecimento da humanidade que atividades produtivas, de maneira especial, atividades em larga escala como as que são desenvolvidas por indústrias provocam o desequilíbrio ambiental. Deste modo, tornam-se imprescindíveis ações no sentido de prevenir que tais danos ocorram.

O princípio da prevenção busca evitar que os danos causados fiquem sem a devida reparação. Sabe-se que o progresso social é necessário. A humanidade precisa evoluir em suas diversas áreas sociais. Contudo, essa evolução deve vir acompanhada do senso de responsabilidade. As atividades devem ser conduzidas de forma a proteger, preservar e melhorar o meio ambiente. Este é um princípio básico no sistema de gestão ambiental, por exemplo, adotado por algumas organizações.

Para a concretização do princípio da prevenção, as atividades que possam provocar danos ao meio ambiente precisam ser acompanhadas, fiscalizadas, controladas por órgãos públicos específicos que atuarão reafirmando as responsabilidades no que se refere à minimização dos impactos e maximização das oportunidades. Os acompanhamentos são feitos por meio de auditorias periódicas, elaboração de planos diretores e campanhas que motivem a preservação e investimento em práticas de recuperação do ambiente degradado.

A Convenção Sobre a Diversidade Biológica (1992), cita que "é vital prevenir e combater, na origem, as causas da sensível redução ou perda da diversidade biológica". Prevenir é se preparar para os resultados! A precaução é sinônimo de cuidado. Concretiza-se quando são desenvolvidas ações que cessam ou minimizam os efeitos dos danos. Preocupa-se desde as bases naturais, passando pela antecipação, até a minimização dos prejuízos causados ao meio ambiente.

A diferença entre prevenção e precaução é sutil e, na maioria das vezes, a Constituição Federal de 1988 trata esses conceitos como sinônimos ao interpretá-los como um dever de se evitar a consumação dos danos ambientais. A prevenção exterioriza-se na obrigação de evitar que o dano ocorra. A precaução trata da ação antecipada, em função do risco ou perigo existentes. Tais nomenclaturas dizem respeito às constantes ameaças e aos irreversíveis danos ao meio ambiente, estando ligados à ideia de afastamento do perigo e garantia da segurança futura. (SILVA, 2004).

Em relação ao princípio da prevenção, Tavares (2017) reflete que este se relaciona como princípio da precaução, sendo este segundo o princípio que incide nos casos em que a ciência não saiba, ainda, dizer o nível de impacto ambiental causado. Para ele, o princípio da prevenção se refere aos impactos já conhecidos pela comunidade acadêmica e através dos quais se estabelecem nexos de causalidade suficientes para identificação dos impactos futuros prováveis sendo, portanto, este o princípio que é capaz de minimizar os danos ao meio ambiente, propondo diversos mecanismos e cita como exemplo, o licenciamento ambiental.

Sobre o princípio da precaução, Tavares (2017) entende que, com o fim de proteger o meio ambiente, este princípio deverá ser amplamente observado pelos Estados e, havendo ameaça de danos graves, não será aceita a incerteza científica como desculpa para que haja o adiamento de medidas viáveis a serem desenvolvidas pelo Estado para que tal degradação ambiental seja evitada ou, ao menos, minimizada. O Estado precisa observar amplamente tal princípio, identificando as ameaças e quais as medidas mais viáveis e eficazes a serem aplicadas, objetivando que seja garantido o direito humano ao meio ambiente equilibrado a partir da aplicação deste princípio.

Princípio da Reparação

Ocorrendo o dano ao meio ambiente, o princípio da reparação entra em cena! Conforme escrito por Silva (2004), este princípio foi previsto pela Declaração do Rio/92 quando citado que os Estados deverão desenvolver legislação nacional que regulamente a responsabilidade e as formas de indenização às vítimas da poluição e outras formas de danos ambientais. O princípio da reparação delineia a responsabilidade e as formas de indenização pelos danos ambientais. Tal reparação não reverte o dano, apenas amortiza-o, tendo em vista que as condições anteriores jamais poderão ser repostas da maneira exata como foram encontradas antes que os danos fossem causados.

Trazendo a aplicação deste princípio para o contexto das operações industriais, por exemplo, teremos que os rios poluídos pelas ações das indústrias não terão mais a sua forma original. Porém, os danos podem ser amortizados se alvitrada a possibilidade de tratamento por meio de limpeza do leito, implantação de técnicas de filtragem dos dejetos, doação de alevinos e retirada de objetos das margens. A pureza original não será recuperada, mas os danos ao direito humano de ter os leitos de seus rios saudáveis, serão minimizados.

A participação dos movimentos sociais de proteção ambiental, bem como a participação dos demais entes que representam a sociedade civil, a própria sociedade em si, é fundamental para que a preservação aos danos aconteça. O princípio da participação representa bem este contexto. Vicente Silva (2004) cita que o princípio da participação rege que o melhor modo de tratar as questões ambientais é assegurando, a todos os indivíduos, a participação de acordo com seus respectivos níveis.

Princípio da Solidariedade
A participação conjunta, dos indivíduos em prol da proteção do bem comum a todos, que é o meio ambiente, exige que o princípio da solidariedade esteja pulsando nas atitudes e ações. Para melhor compreensão deste princípio, faz-se importante entender do que se trata a "solidariedade".

Foi a partir de meados do século XX que se levou em consideração o conceito de solidariedade no âmbito dos direitos humanos. O conceito de solidariedade ganhou contornos políticos durante a Revolução Francesa ao ser reivindicado o ideal de fraternidade na Declaração dos Direitos do Homem e do Cidadão de 1973, de acordo com Peterke (2013). No início do século XIX, solidariedade passou a ser empregada no lugar de fraternidade, que era entendida como sinônimo de irmandade e, por extensão, de amizade.

O termo "solidariedade" representa uma unidade de apoio, um sentimento que caminha junto à empatia e nos faz compreender que há necessidades que estão além de nós, que estão nos outros seres viventes e que, ao descobrirmos que podemos colaborar para que estas necessidades além de nós sejam atendidas e agimos nesta intenção, estamos praticando a solidariedade. O princípio da solidariedade é um instrumento norteador da função social e um dos elementos que pertencem ao caráter dos movimentos sociais de proteção do meio ambiente, tendo em vista que estes são compreendidos, também, como instrumentos da vivência da solidariedade, da cidadania e da dignidade. Neste sentido, é possível compreender que ser solidário é exercer a cidadania.

A solidariedade reflete a capacidade que os indivíduos têm de partilhar, de se reconhecer como parte de uma mesma luta, de uma mesma unidade social. Oliveira e Maganhini, (2019), ao tratar das questões socioambientais, ressaltam que as comunidades desenvolvem condições para permanência em seus espaços físicos e sociais e, para isto produzem fortes laços. Mais uma vez fica claro que a solidariedade compõe a construção das relações afetivas, das relações de pertencimento a grupos. Trata-se de um sentimento inerente aos que se aproximam pelos caminhos do afeto. Geralmente grupos que existem a partir dos objetivos em comum e que, para alcançá-los, compartilham modos de vida.

> Ou seja, a comunidade sempre ocupa uma área territorial, de onde extraem condições para permanência neste espaço e produzem um forte laço de solidariedade, um sentimento de pertencimento àquele grupo que permite a existência de uma vida em comum e a noção de compartilhamento tanto do modo de vida quanto a territorialidade que se encontram[...] (OLIVEIRA e

MAGANHINI, 2019, p.143). Grifo nosso.

Ainda acerca do princípio da solidariedade na composição da defesa do direito humano ao meio ambiente equilibrado, observa-se que a solidariedade ultrapassa o caráter temporário. Entre toda a comunidade global quando compreendida como elemento de salvaguarda de todos os direitos, sejam eles individuais ou coletivos. A partir deste entendimento, torna-se possível enxergar que a solidariedade contribui na defesa dos direitos da humanidade.

Por pertencer à coletividade, o direito ao meio ambiente, em sua característica de direito de terceira dimensão, necessita do solo do princípio da solidariedade para enraizar sua aplicabilidade. A solidariedade representa um "elo profundo de ajuda mútua" (CAMPELLO e BARROS, 2018, p.101), e contribui para a solidificação deste direito humano que, nem sempre, é compreendido em sua real dimensão de importância. Este princípio é, também, um elemento estrutural na construção da ética que constitui a composição dos seres humanos. Freire (1996) descreve a solidariedade "enquanto compromisso histórico de homens e mulheres, como uma das formas de luta[...]". A solidariedade se firma como princípio de defesa da democracia, inclusive, por mobilizar seja pela indignação ou pela compaixão. Melucci (1989) afirma que a solidariedade não é um fenômeno temporário, trata-se de uma substância constituidora da ação coletiva à qual se submetem os movimentos sociais. A solidariedade ultrapassa o caráter temporário e assume a característica de conexão no contexto da comunidade global.

O princípio da solidariedade é um princípio norteador da função social e pertinente aos movimentos sociais que lutam pelo direito humano ao meio ambiente. Para Pizzorno (1983), é mister que os movimentos possuem na sua identidade, a solidariedade, um bem que, diferentemente de outros, não é mensurável e não pode ser calculado. A solidariedade caracteriza a capacidade que os indivíduos têm de partilhar, de se reconhecer como parte de um todo, de uma mesma unidade social.

Se ao largo da vida, não fizer com cuidado tudo o que empreender, acabará por prejudicar a si mesmo e por destruir o que estiver à sua volta. Por isso o cuidado deve ser entendido na linha da essência humana (que responde à pergunta: o que é o ser humano?). O cuidado há de estar presente em tudo (BOFF, 1999, p.13).

Estudos filosóficos, desenvolvidos no campo da ética, com fulcro e atenção especial ao cuidado com o outro, chamaram a atenção para maior solidariedade entre o ser humano e a natureza. Identificaram que, querer o bem do outro e saber-se responsável por isto, torna o "cuidar", uma ação essencial. E, neste caso, cuidar do direito humano ao meio ambiente equilibrado.

CONCLUSÃO

Compreender o que, de fato, são os direitos humanos e a dimensão de sua abrangência é um desafio constantemente enfrentado pela humanidade. Isto ocorre porque tais direitos evoluem de acordo com as constantes mudanças e com o surgimento de novas demandas sociais. Estas mudanças requerem novos ajustes aos regramentos já existentes, bem como a criação de novas formas de gerir as situações emergentes.

Ao tratar da discussão acerca do direito humano ao equilíbrio ambiental os indivíduos tendem, ainda, a estranhar essa relação tendo em vista que ela foge dos padrões tradicionais que constituem os conceitos de direitos humanos. É importante ressaltar, neste caso, que o meio ambiente é sim um direito humano que se encontra classificado como sendo de terceira dimensão, por ser um direito difuso, ou seja, um direito da coletividade e a ser compreendido de forma macro. Os movimentos ecológicos, também conhecidos como movimentos sociais de proteção ambiental, exercem um papel muito importante nessa conscientização, pois fizeram crescer globalmente o entendimento acerca da integração entre o meio ambiente e os direitos humanos.

Para regulamentar a relação entre os direitos humanos e o meio ambiente e prevenir os danos provocados a este bem, destaca-se o Direito Ambiental, sendo, por sua vez, a ciência jurídica que atua juntamente à Constituição Federal, os princípios e as jurisprudências, com o objetivo de garantir que este direito humano, seja respeitado. Assim como as jurisprudências, os princípios são fontes do Direito e instrumentos norteadores das ações dos movimentos sociais de proteção ambiental. A ausência de um código ambiental específico conduz a Justiça e a sociedade a ter, como referência legal, a Constituição Federal, as leis específicas, as jurisprudências e os princípios.

Os princípios apresentados no texto precisam ser aplicados em rede para que se alcance o objetivo principal que é prevenir os danos e estruturar o equilíbrio da relação humana junto ao meio ambiente. Entenda-se "meio ambiente" como todos os espaços ocupados pela espécie humana, a exemplo dos espaços profissionais, educacionais, econômicos, familiares, naturais, ecológicos, etc.

39

O presente estudo possibilitou a ampliação dos conhecimentos sobre o assunto, alertando para a importância dos princípios enquanto ainda não se tem um código ambiental específico, bem como sinalizou a importância de se compreender que o meio ambiente é um direito humano que precisa ser preservado para a própria garantia da vida.

REFERÊNCIAS

ANTONIO, Mateus e VITÓRIA, Marcella. **Os Princípios Gerais do Direito Ambiental**. Disponível em: https://jus.com.br/artigos/73668/os-principios-gerais-do-direito-ambiental. Acesso em: 28.03.2020.

BERTOLDI, Marcia Rodrigues. O direito humano a um meio ambiente equilibrado. BuscaLegis.ccj.ufsc.br. Sem data. Disponível em: http://egov.ufsc.br/portal/sites/default/files/anexos/26 472-26474-1-PB.pdf.

BOBBIO, Norberto. **O Futuro da Democracia**. 9. ed. Tradução de Marco Aurélio Nogueira. São Paulo: Editora Paz e Terra, 2004.

BOFF, Leonardo. **Cuidado Necessário:** na vida, na saúde, na educação, na ecologia, na ética e na espiritualidade. Petrópolis: Vozes, 2012.

BRASIL. Constituição Federal (1988). **Constituição da República Federativa do Brasil**, Vade Mecum, Saraiva, editora Saraiva, 23 ed. atualizada e ampliada: São Paulo, 2017.

BRITO, Carlos Alberto de. **Curso de Direito Ambiental**. Apostila. Página 17. – ASCES, 2014.

CAMPELLO, Lívia Gaigher Bósio, BARROS, Ana Carolina Vieira de. **A Era da Afirmação dos Direitos dos Animais no Cenário Global e seu Fundamento na Solidariedade entre Espécies.**

RBDA (Revista Brasileira do Direito Animal), v.13, n.2 (2018).

CAVALIERI FILHO. Sérgio. **Programa de Responsabilidade civil**. 9. ed. São Paulo: Atlas, 2010.

COMPARATO, Fábio Konder. **A Afirmação Histórica dos Direitos Humanos**. São Paulo: Saraiva, 2001.

Convenção Sobre Diversidade Biológica. Disponível em: https://www.mma.gov.br/biodiversidade/conven%C3%A7%C3%A3o-da-diversidade-biol%C3%B3gica.html. Acesso em: 29.03.2020.

Declaração de Estocolmo, 1972. Disponível em: https://www.dge.mec.pt/sites/default/files/Projetos_Curriculares/Historia/documentos/declaracao_estocolmo.pdf . Acesso em: 28.03.2020.

Declaração do Rio, 1992. Disponível em http://www.scielo.br/pdf/ea/v6n15/v6n15a13.pdf. Acesso em: 29.03.2020

DIAS, Adelaide Alves; FERREIRA, Lúcia de Fátima Guerra; ZENAIDE, Maria de Nazaré Tavares. **Direitos Humanos na Educação Superior: Subsídios para a Educação em Direitos Humanos na Pedagogia.** João Pessoa: Editora Universitária da UFPB, 2010.

FIORILLO. Celso Antônio Pacheco. **Curso de Direito Ambiental Brasileiro**. 14 ed. São Paulo: Saraiva, 2013. 961 p.

FREIRE, Paulo. **Pedagogia da Autonomia:** saberes necessários à prática educativa. São Paulo: Paz e Terra, 1996

HUNT, Lynn. **A Invenção dos Direitos Humanos: uma história.** São Paulo: Companhia das Letras, 2009.

Lei 6938, de 31 de agosto de 1981. **Dispõe sobre a Política Nacional do Meio Ambiente, Seus Fins e Mecanismos de Formulação e Aplicação, e dá Outras Providências**. Disponível em: https://www.planalto.gov.br/ccivil_03/Leis/L6938.ht m. Acesso em: 26.03.2020.

LEITE, José Rubens Morato; AYALA, Patryck de Araújo. **Dano Ambiental**: Do individual ao coletivo extrapatrimonial: Teoria e prática. 4. ed. São Paulo: Revista dos Tribunais, 2011. 410 p.

MAGANHINI, Thais Bernardes; OLIVEIRA, Saiera Silva de. **Questões Socioambientais das Populações Ribeirinhas do Rio Madeira** – Rondônia. RIDH. Bauru, v. 7, n. 2, p. 137-154, jul./dez., 2019.

MELUCCI, Alberto. **Um objetivo para os movimentos sociais?** Lua Nova: Revista de Cultura Política – Movimentos Sociais: questões conceituais, nº 17. São Paulo, 1989.

MILARÉ, Édis. **Direito do Ambiente: A gestão ambiental em foco.** São Paulo: Editora Revista dos Tribunais, 2011. 7ª edição.

MORAES, Luis Carlos Silva de. **Curso de Direito Ambiental.** – 2. ed. São Paulo, Atlas, 2004, p.17.

ORGANIZAÇÃO DAS NAÇÕES UNIDAS (ONU). **O que são direitos humanos?** 2017. Disponível em: https://nacoes unidas.org/direitoshumanos/. Acesso em: 26/07/2017.

PAIVA, Cleiton. **A Proteção do Meio Ambiente Como Pressuposto dos Direitos Humanos.** Disponível em https://jus.com.br/artigos/61291/a-protecao-do-meio-ambiente-como-pressuposto-dos-direitos-humanos. Acesso em: 11/05/2019.

PETERKE, Sven. **O Conceito Tradicional de Direitos Humanos**. In: FEITOSA, M. L.; FRANCO, F; PETERKE, S; VENTURA, V. Direitos Humanos de Solidariedade. Avanços e Impasses. Curitiba: Appris, 2013, p. 17 a 88.

PIZZORNO, A. **"Identità e interesse",** in SCIOLLA, L, (Org.). *Identitá.* Turim, Rosemberg, 1983.

Revista EXAME. Encarte: **Brasil Sustentável,** 2005.

ROCHA, Tiago do Amaral, QUEIROZ, Mariana Oliveira Barreiros de. O meio ambiente como um direito fundamental da pessoa humana. Disponível em:

https://ambitojuridico.com.br/cadernos/direito-ambiental/o-meio-ambiente-como-um-direito-fundamental-da-pessoa-humana/. Acesso em: 25.03.2020

SANTOS, Boaventura de Sousa, CHAUÍ, Marilena. **Direitos Humanos, Democracia e Desenvolvimento**. São Paulo: Cortez, 2013.

SANTOS, Frederico Fernandes dos. O que são princípios? Suas fases, distinções e juridicidade. 2015. Disponível em: **https://jus.com.br/artigos/45194/o-que-sao-principios-suas-fases-distincoes-e-juridicidade**. Acesso em: 28.03.2020.

SILVA, Vicente Gomes da.. **Legislação Ambiental Comentada**. 2 ed. Revisada e ampliada. Belo Horizonte. Fórum, 2004.

TAVARES, Bruno. **Direito Ambiental:** Conceito e Princípios Fundamentais, 2017. Disponível em: https://tavaresbruno.jusbrasil.com.br/artigos/487524792/direito-ambiental-conceito-e-principios-fundamentais. Acesso em: 29.03.2020.

www.ingramcontent.com/pod-product-compliance
Lightning Source LLC
Chambersburg PA
CBHW030539220526
45463CB00007B/2903